blink Blinkers

Blinkerboom

• 'n Saam-speel-Storie met 'n Blink plan •

Deur Corinne Badenhorst

Storie en illustrasies deur Corinne Badenhorst.

Gepubliseer deur Seraph Creative in 2019.

ISBN 978-0-6399842-7-8

Gepubliseer deur

Seraph**Creative**

Heaven's Heart for Earth

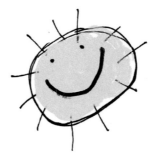

'n Saam-speel-storie met 'n blink plan

Die storie beoog om, ongeag konfliksituasies wat die lewe bring, beide kind en ouer se hart aan te raak om met dapperheid en verantwoordelikheid hul eie veerkrag te bestuur.

Deur ervaringsleer en stories onthou ons 22 keer beter. Met hierdie storie vertrou ek dat dit positief sal meehelp om karakterontwikkeling by die leser en hoorder tot gevolg sal hê.

Mag die boekie jou en jou hartsmense met wilskrag, veerkragtigheid asook 'n dapper en liefdevolle hart seën om elkeen te help om sy/haar volle potensiaal te bereik.

Die storie is op 'n beantwoorde gebed gebaseer wat 'n besonderse invloed op ons gesin uitoefen. Dit fladder steeds in en om ons en ons kinders se harte, asook by hulle maats en maats-se-mammas - presies soos blinkers maak - dit laat ñ stukkie liefde oral waar dit raak.

Maak die storie ñ saam-speel-storie deur met blinkers te speel asook dorings te soek en daaroor te gesels. God het in elkeen Sy eie uniekheid verweef - speel die storie uit en beleef die "wonder" daarvan!

Soms kan 'n eenvoudige storie 'n kind se selfbeeld op 'n rots laat staan, deurdat dit ñ lewende steentjie in hul fondasie (identiteit) inbou - ñ steentjie wat sal groei en groei en groei.

Corinne Badenhorst

B. Arbeidsterapie 2001

Lank, Lank, Lááánk gelede,
nóg voordat die aarde gemaak
is;
Was jy al kant-en-klaar in
GOD se hart geskep ✱✱✱ !

omdat Hy
jou liefhet, het Hy
jou al voor die wêreld
gemaak is
EF 1:4

Hy het jou geboortedag
reeds toe op sy kalender
gemerk !
Alles perfek [uitgewerk] .

In jou DNA-boekies het
Hy 'n spesiale storie
                    geskryf,
sodat wanneer jy op die
aarde kom bly;
        Jy hierdie storie se
skatte sommer maklik
                sal kry!

Ek beplan om vir jou 'n hoopvolle toekoms te gee van vrede en nie onheil Jer 29:11

Agter die deurtjie van jou hart het Hy 'n waardevolle skat weggesteek ^
Daar waar nét jy dit sal kan kry ...

Wat is hierdie skat ?

'n Blinkerboom! Wat
sal groei én groei én
groei ,,,
dit is wat hierdie
boom doen ~ hy Lééf en
groei in jou hart.

'n Raai wat groei aan die Blinkerboom?

BLinkers

BLinkers wat skitter
en bLink soos
HemeLspieëLtjies.

Die Blinkers skyn én
skitter die hemel in jou
hart en maak ÁÁÁLtyd
mooi ∼ orals waar dit Land.

dit is mos soos Liefde ook
maak ...

Harts-blinkers is Lig soos
'n veer, en kan soos vliegballonne
sommer enige plek Land;
dit is nie bang nie,
Vergewe maklik, is propvol
Liefde en kom in al die kleure
Van die reënboog!
Dit fladder rond soos
'n duisend skoenlappers
wanneer jy glimlag.
En — dit kielie jou hart
Van Lekkerte soos wanneer jy 'n
roomys met jou
hondjie mag deel ✦

Jou hart se bLinkers kan
nooit ooit-ooit op raak nie.
Dit spieëL én spieëL én spieëL
die HeMeL in jou hart !! ⭐⭐

Dit is jou LeWensStorie,
wat oraL oor VerteL dat

JY , is JY , is JY;

Die heeL Beste en
enigste JY !

uitBLinker!

Maar...

Somtyds voel 'n maat dalk
'n bietjie naar ---
Hy het miskien vergeet om
sy blinkerboom te bewaar ?

trek die volle wapenrusting aan

Bonsplaat

Skild

swaard

ggg én aah sy Blinkerboom,
sit dalk nou 'n paar
Dorings Vas ...!

"ék is kWAAd, sommer
Bale kwaad !∫!"

hoor jy ín dóring
praat.

Dorings groei sommer maklik
die Blinkerboom toe;
en dorings steek!

Dit is mos wat dorings
doen ....

Wanneer iemand dan aan
sy dorings raak —

O, wee!

Dit is sleg en seer
wat dan gebeur ...

Die dorings krap en steek
sy hartjie-so-seer.

dan sê hy voor sy mond kan
keer: "GAAN WEG! JY MAG nie
saam speel nie! JY KAN nie!
JY MOET nie!"

Dorings steek altyd raak...!
,,, maar as jy kan onthou hoé
'n hartsdoring maak ---
sal jy sommer [Nooit]
soos ou Brolloks of
Bittergal kan raak !

Jy sal net weet, vandag het ek aan 'n doring geraak, maar GOD het MY hart reeds Laaankal sterker as Goliat gemaak!

onthou...

Jy mag maar ook
hartsdorings praat...

Dan sê jy sommer ➜

"Hier is 'n blinker liewe maat ~ ek kan sien 'n doring steek jou raak ... wees dapper, sommer baaaie dapper en haal dit gou-gou uit * Anders is jy dalk later al jou maters kwyt!

Pas dan ook jou eie Blinkerboom-
hart op ; méér as énige ander
skat — óf selfs jou kat !

want dit is nét daar waar
die geheime van jou lewensstorie
gebêre Lê !

Maak elke dag jou hart se
Blinkerboom oop en Laat jou
blinkers vry. Dit is 'n manier
hoe 'n stukkie van die Hemel
op die aarde 'n Blyplek
kan kry !!!

Blinkers is jou blinkerboom se Hemelspieëltjies!
soek dit, geniet dit, speel met dit en deel dit;
dan word dit méér en méér en méér
EN smeer selfs 'n salfie aan 'n
mater se seep ♥♥♥

En Dan Liewe Maat...

Dan → het jy mos 'n
supersterblinkerhart !

Oor Corinne

Corinne is ñ Soeker na die dieptes en uitspeel van God se hart, ñ vrou, mamma en arbeidsterapeut.

avontconnect@gmail.com
083 660 5412

"Skryf vir my Blinkers"

Laat jou maats vir jou skryf watter
Blinkers hulle by jou kry.....

"Want dit is hoe JÝ stukkies van die Hemel by hulle laat bly"

Teken jou Blinkerboom

Teach Your Children to Live From Heaven!

Seraph is honoured to present amazing, high
quality books to remind today's children where
they came from, who they are and what they
can do as Sons of God.

These are the books we wish we had!

Visit our website:
www.seraphcreative.org

SeraphCreative
Heaven's Heart for Earth

Manufactured by Amazon.ca
Bolton, ON